W0470637

Les enfants découvrent...

les fleurs et les arbres

TIME LIFE JEUNESSE

Contenu

Sans eau, les plantes meurent - Pourquoi?

RÉPONSE L'eau est aux fleurs et aux arbres ce que la nourriture est aux humains. Si nous ne mangeons pas assez, nous perdons nos forces et pouvons même mourir de faim... De la même façon, les arbres et les fleurs qui manquent d'eau se fanent et finissent par mourir.

▲ Une plante flétrie

Si tu l'arroses... →

◀ Elle ira sûrement beaucoup mieux.

Mais où les fleurs et les arbres se procurent-ils de l'eau?

Les fleurs et les arbres aspirent l'eau du sol avec leurs racines, et aussi leur multitude de radicelles.

Pour les parents

Privée d'eau, toute matière vivante meurt, y compris le corps humain — constitué de plus de 60 % d'eau. Les plantes utilisent la lumière, le gaz carbonique et l'eau pour fabriquer leurs propres éléments nutritifs, selon un processus appelé photosynthèse. Les arbres absorbent l'eau par leurs racines, ainsi que par leurs milliers de radicelles qui accroissent la surface de leur système d'absorption et permettent à la plante de mieux profiter de l'humidité du sol.

ESSAIE

Si tu te contentes d'arroser les fleurs et les feuilles de ta plante, tu vas la voir se faner très rapidement... C'est en effet par ses racines qu'elle aspire l'eau dont elle a besoin. Pour avoir une plante vigoureuse et belle, c'est la terre dans laquelle elle pousse qu'il faut arroser!

Les plantes dorment-elles?

RÉPONSE Certaines plantes se referment la nuit, les feuilles de l'arbre de soie et des oxalis, ainsi que la fleur du pissenlit, notamment. Cela ne veut pas dire pour autant qu'elles dorment. Éclairées et chauffées comme en plein jour, elles resteraient ouvertes toute la nuit.

Le jour

▲ Albizzia (arbre de soie)

▲ Pissenlit

La nuit

▲ Albizzia (arbre de soie)

▲ Pissenlit

• Pour les parents

Le sommeil est essentiel aux animaux supérieurs; leur cerveau doit se reposer. Et les hommes mourraient de fatigue si on les forçait à rester éveillés plusieurs jours de suite — les bébés ont besoin de 18 à 20 heures de sommeil par jour, les adultes de 7 à 9 heures. Les plantes, elles, n'ont pas de cerveau. La fermeture de leurs feuilles et de leurs fleurs est un simple réflexe conditionné par l'obscurité ou la baisse de température.

▲ Oxalis

▲ Astragale chinoise

▲ Oxalis

▲ Astragale chinoise

Les fleurs et les arbres respirent-ils?

RÉPONSE Oui. Sur les feuilles et les tiges des plantes, il y a plein de petits trous, les stomates — ils sont surtout nombreux sur le dessous des feuilles. C'est par ces trous que les plantes respirent. Elles ne le font d'ailleurs pas de la même façon le jour et la nuit. Regarde le dessin... Tu comprendras tout!

▲ **Le tronc d'un grand cèdre.** Il respire par les nombreuses craquelures de son écorce.

L'oxygène que nous respirons est fabriqué par les plantes

Nous vivons grâce à l'oxygène contenu dans l'air que nous respirons. Et cet oxygène a été fabriqué par les plantes (qui l'ont rejeté dans l'air). Si les fleurs et les arbres mouraient, tous les êtres vivants seraient condamnés au même sort. Les plantes ont donc une grande importance pour la vie des êtres humains et celle des animaux.

● Pour les parents

Tous les êtres vivants, y compris les plantes, respirent. Le jour, elles aspirent du gaz carbonique. La combinaison de ce gaz avec l'eau et l'énergie lumineuse leur permet de fabriquer, par photosynthèse, leurs propres éléments nutritifs. L'oxygène rejeté est un effet secondaire de ce processus. À d'autres moments, la plante absorbe de l'oxygène et rejette du gaz carbonique, tout comme les hommes. Ces gaz passent par les stomates des feuilles et des tiges, ainsi que par les craquelures des branches et des troncs.

Un pistil et une étamine, qu'est-ce que c'est?

RÉPONSE Le pistil d'une fleur est en son centre, et son extrémité est collante. Il est unique mais entouré de plusieurs étamines couvertes de pollen — une sorte de poudre. Pour que la plante soit fécondée (puisse produire un fruit), il faut que ce pollen, transporté par le vent ou les insectes, entre en contact avec le bout collant du pistil. Ce sont les graines de l'intérieur du fruit ainsi produit qui donneront naissance à de nouvelles plantes. Sans pistil ou étamines, une plante n'en produirait jamais de nouvelles.

Chaque fleur de cerisier contient de nombreuses étamines. Leur pollen est transporté sur le pistil par le vent ou les insectes.

Quand les fleurs tombent...

• Pour les parents

En général, les fleurs ont un pistil unique placé au centre de la corolle. C'est l'organe femelle de la fleur. Il est entouré d'étamines, les organes mâles, contenant du pollen, l'agent fécondateur. Le rôle de ces deux éléments est de produire des graines. Le pollen se colle au bout du pistil puis se déplace vers les ovules contenus dans l'ovaire situé à la base du pistil; c'est ainsi que seront produites les graines.

les cerises poussent.

Fleurs mâles, fleurs femelles

La plupart des fleurs ont un pistil et des étamines. Mais certaines plantes comportent deux types de fleurs: une fleur femelle, qui porte uniquement un pistil, et une fleur mâle, avec seulement des étamines.

▲ La fleur de courgette femelle a seulement un pistil.

▲ La fleur de courgette mâle n'a que des étamines.

Pourquoi les fleurs sont-elles belles?

RÉPONSE C'est grâce à leurs couleurs vives que les fleurs attirent les insectes. Certaines d'entre elles le font aussi au moyen d'un liquide parfumé, le nectar. Il y a en effet beaucoup de fleurs qui ont besoin des insectes pour être fécondées (pour pouvoir produire leurs graines): ce sont ces derniers qui, tout en buvant le nectar, transportent le pollen de la fleur sur son pistil (la partie qui produit les graines). Si les fleurs n'étaient pas si belles et ne sentaient pas si bon, les insectes ne viendraient pas les butiner!

Comment ils voient les couleurs

Les insectes ont une image des fleurs très différente de la nôtre, parce que leurs yeux sont différents des nôtres.

▲ Ce que voit un homme

▲ Ce que voit une abeille

• Pour les parents

Le pollen est transporté sur le pistil des fleurs soit par le vent, soit par les insectes. Les végétaux fécondés par le vent, comme le riz, le blé et le pin, ont généralement des fleurs qu'on ne remarque pas. Par contre, les plantes fécondées par les insectes sont d'ordinaire très voyantes et pleines de nectar. Pourtant, les insectes n'en ont pas du tout la même image que nous. Comme on le voit sur la photo, les abeilles sont très sensibles à la lumière ultraviolette.

Comment fabrique-t-on le parfum?

RÉPONSE Les insectes ne sont pas les seuls à aimer les fleurs qui sentent si bon. Nous aussi, êtres humains, nous les aimons beaucoup. C'est pourquoi certains fabriquent et vendent du parfum. Pour cela, ils cueillent des fleurs dont ils retirent une essence qu'ils mélangent à d'autres senteurs. C'est du parfum!

• Pour les parents

Les hommes fabriquent du parfum depuis des millénaires. Ils l'obtiennent en extrayant les huiles essentielles de certaines plantes, soit par distillation, soit par l'action de solvants et en la mélangeant à d'autres produits naturels ou synthétiques. Le papier est généralement fait à partir de pâte de bois qu'on a fait bouillir en enceinte pressurisée puis qu'on a traitée chimiquement. La cannelle est l'écorce broyée de diverses espèces de lauriers. Le charbon de bois est du bois partiellement brûlé. Il est utilisé pour la cuisine. Le caoutchouc naturel provient du latex, la sève de l'hévéa.

Tout ça, c'est tiré des arbres!

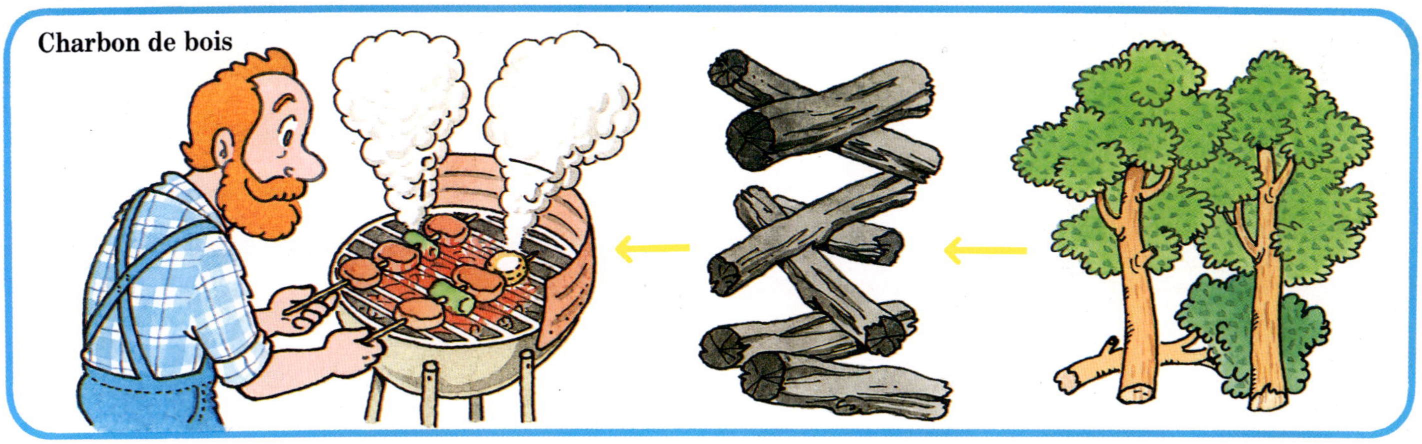

Pourquoi plante-t-on les tulipes et les jacinthes en automne?

RÉPONSE Parce que, pour avoir de jolies fleurs au printemps, les bulbes de ces plantes doivent passer l'hiver dans la terre. Les bulbes de tulipe et de jacinthe peuvent supporter un temps très froid. Leurs racines poussent et leurs feuilles naissent alors que c'est encore l'hiver. Dès qu'il fait doux, leurs fleurs éclosent. Si tu plantes tes tulipes et tes jacinthes au printemps, elles pousseront et donneront des feuilles, mais il est possible qu'elles ne donnent pas de fleurs ou qu'elles fleurissent très tard. Ces plantes aiment les régions tempérées — où il y a alternance de quatre saisons.

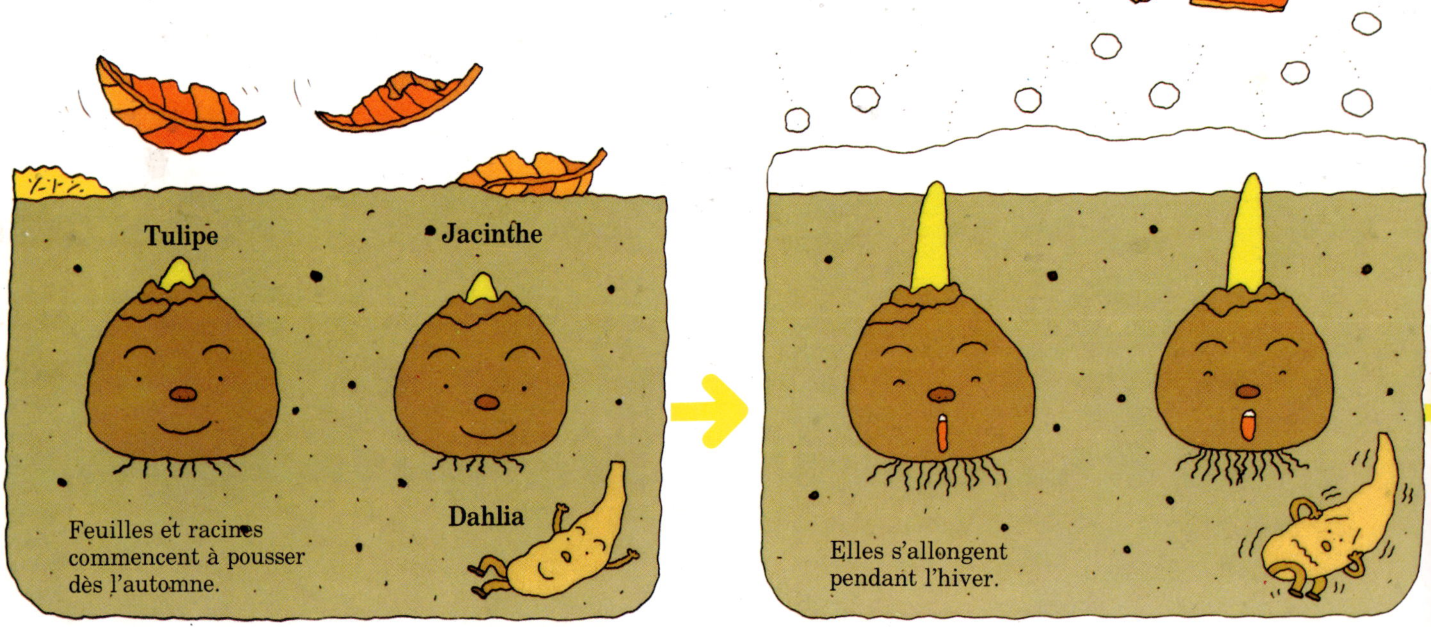

Bulbes germant l'hiver

Plante-les en automne et ils fleuriront au printemps.

Crocus

Anémone

Narcisse

Pour les parents

En général, les fleurs qui éclosent au début du printemps sont celles qui résistent au froid et ont été plantées en automne. Les fleurs d'été et d'automne résistent, elles, plus mal au froid; on les plante au printemps. Si des bulbes peu résistants au froid sont plantés en automne, ils restent en dormance pendant l'hiver et ne produisent ni bourgeon ni racines. Si des bulbes résistant au froid sont plantés au printemps, et non en automne, ils donnent des fleurs tardives et s'abîment au moment des chaleurs.

De jolies fleurs apparaissent au printemps.

Bulbes fleurissant en été

En hiver, ces bulbes, tel le dahlia, ne donnent ni racines ni bourgeon. On les plante au printemps et ils fleurissent seulement quand vient l'été.

Dahlia **Glaïeul** **Amaryllis**

Pourquoi l'églantier a-t-il des épines?

RÉPONSE Les épines protègent les feuilles, les fleurs et aussi les fruits de l'églantier pour qu'ils ne soient pas mangés par les bêtes, notamment les oiseaux. Elles sont très pointues et piquent très fort. Beaucoup d'autres plantes en ont, également pour se protéger de leurs ennemis.

Autres plantes épineuses

▲ **Le chardon.** Il a des épines tout autour de ses fleurs.

▲ **Le poncirus trifoliata.** Ses branches portent des épines.

▲ **Le cactus.** Ses épines sont ses feuilles.

● Pour les parents

Il existe de nombreux types d'épines. Dans certains cas, comme pour l'églantier, elles sont réparties sur la surface du branchage ou des tiges. Dans d'autres, comme pour le poncirus trifoliata (ci-dessus), les épines sont sur les branches dures. Elles peuvent aussi être des feuilles (cactus). Certaines contiennent du poison. Toutes servent à protéger la plante contre ses prédateurs.

Pourquoi les tournesols se tournent-ils vers le Soleil?

RÉPONSE

Quand le tournesol est jeune, il pousse très vite; et, au fur et à mesure de sa croissance, il se tourne vers le Soleil. Sa tige pousse en effet plus vite du côté qui est dos au Soleil que de l'autre. Regarde les dessins... Tu comprendras.

Comment poussent les tiges

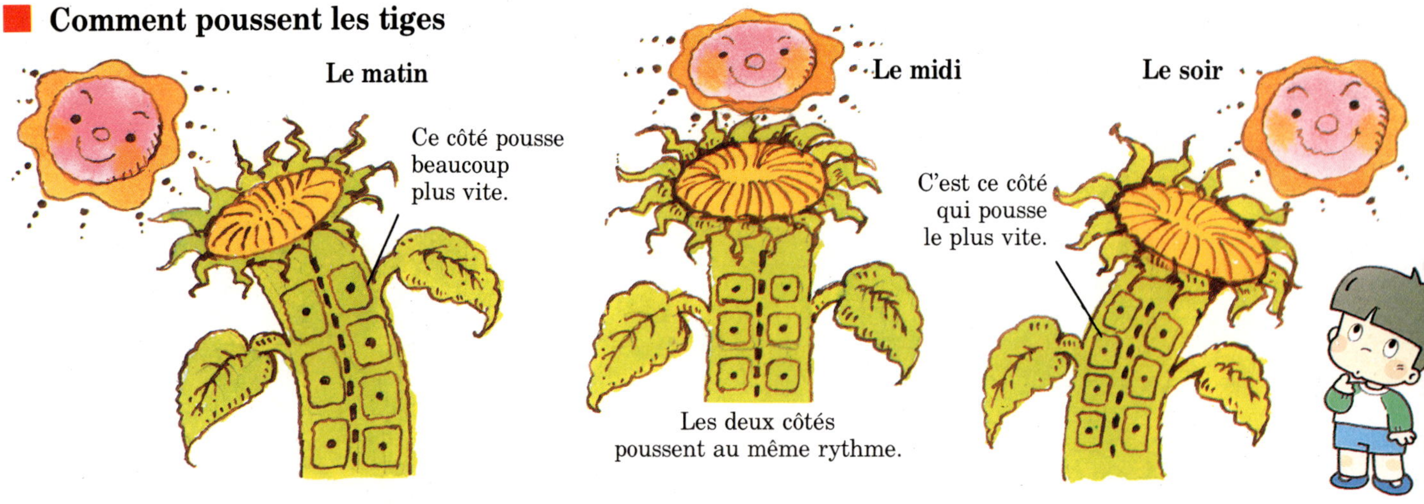

▲ En début de matinée, les jeunes tournesols sont tournés vers l'est; durant la journée, ils suivent le Soleil; en fin d'après-midi, ils regardent vers l'ouest.

Un tournesol à maturité

• Pour les parents

Les tiges des plantes ont tendance à pousser en se penchant vers la direction d'où vient la lumière — leur côté à l'ombre pousse plus vite que leur côté qui reçoit la lumière. Quand le tournesol est encore jeune, ses tiges poussent rapidement du matin au soir. Durant ce laps de temps, les tiges se courbent en fonction du mouvement du Soleil, donnant l'impression que la fleur suit le Soleil. Ce mouvement permet aux feuilles de mieux recevoir la lumière. Quand le tournesol parvient à maturité, ce mouvement s'arrête.

Pourquoi les fleurs se fanent-elles?

RÉPONSE

Les fleurs se fanent pour laisser la place aux fruits. Si du pollen a été déposé sur leur pistil, sa base se met à gonfler et, après la chute de la fleur, le fruit se met à grossir. Finalement, les graines qui sont à l'intérieur du fruit tombent sur le sol et donnent de nouvelles plantes qui grandiront à leur tour et donneront fleurs, fruits et graines.

▲ Pensée

▲ Aubergine

Graines mûres dans leurs capsules ouvertes.

Les graines sont à l'intérieur du fruit.

LE SAVAIS-TU ?

Les fleurs ayant beaucoup de pétales n'ont pas de pistil ni d'étamines, aussi ne peuvent-elles pas donner le moindre fruit.

▲ **Pivoine double**

● Pour les parents

Après la floraison, les fleurs sur le pistil desquelles du pollen s'est déposé développent un fruit et produisent un grand nombre de graines. Ces graines tombent sur le sol, germent et donnent des plantes. Les fleurs éclosent pour que la plante puisse se reproduire. Si la pollinisation ne se fait pas ou si la plante appartient à une espèce à pétales multiples, il n'y a pas reproduction.

Si la tulipe monte en graine, son bulbe ne grossira pas. C'est pourquoi on coupe les tulipes quand leur floraison se termine.

▲ **Tournesol**

Il a beaucoup, beaucoup de graines.

▲ **Tulipe**

Elle pousse à partir d'un bulbe.

Pourquoi les arbres grandissent-ils tant?

RÉPONSE Les fleurs et les arbres poussent au printemps et en été. En automne et en hiver, tandis que les plantes à fleurs sèchent, les arbres, eux, continuent à pousser lentement. En général, ils vivent plus longtemps que les hommes. Une fois adulte, nous nous arrêtons de grandir, mais les arbres poussent tant qu'ils vivent; ils deviennent très grands.

Les arbres vivent plus longtemps que les hommes.

Arbres et fleurs poussent vite.

Les fleurs sèchent; les arbres perdent leurs feuilles.

▲ Durant toute leur vie, les arbres n'arrêtent pas de grandir.

● Pour les parents

La pousse des arbres a lieu à la fois au-dessus de la surface de la terre et sous la terre. Certains séquoias des États-Unis peuvent atteindre 100 mètres de haut et 10 mètres de diamètre. Ils ont germé à partir d'une graine unique et ont atteint progressivement, et au bout de plusieurs milliers d'années, une taille gigantesque.

Hiver

Les fleurs ont séché et n'ont laissé qu'un bulbe ou une graine; les arbres tiennent bon.

Printemps

Les fleurs germent, les arbres bourgeonnent et recommencent à pousser. Chaque année, ils deviennent plus forts et plus hauts.

Y a-t-il des arbres mâles ou femelles?

RÉPONSE

La plupart des fleurs et des arbres sont à la fois mâle et femelle. Mais pas tous. Le ginkgo, par exemple, est soit l'un soit l'autre. Le ginkgo mâle ne possède que des étamines, couvertes de pollen; alors que le ginkgo femelle n'a que des pistils. Et il faut que le pollen de l'arbre mâle se dépose sur les pistils de l'arbre femelle pour que ce dernier, et lui seul, donne des amandes. C'est pareil pour le palmier, le laurier, et quelques autres.

Un ginkgo femelle

Plantes comportant des mâles et femelles

Les plantes qui produisent les fruits sont toujours les femelles.

▲ Les fleurs de cyca revoluta femelles n'ont que des pistils.

▲ Les fleurs de cyca revoluta mâles n'ont que des étamines.

▲ Fleurs de saule blanc femelles avec leurs pistils.

▲ Fleurs de saule blanc mâles avec leurs étamines.

▲ Arbre femelle avec ses pistils

▲ Arbre mâle avec ses étamines

Un ginkgo mâle

▲ Fleurs d'aucuba femelles avec leurs seuls pistils.

▲ Fleurs d'aucuba mâles n'ayant que des étamines.

● Pour les parents

À la différence de presque tous les animaux, qui sont d'un sexe déterminé, la plupart des plantes sont hermaphrodites, c'est-à-dire mâle et femelle en même temps. On a vite fait le compte des plantes dont le mâle et la femelle sont séparés : le ginkgo, le chanvre, le laurier, le cyca et le mûrier. Les amandes du ginkgo sont produites par l'arbre femelle. Pour cela, il faut que le pollen des fleurs de l'arbre mâle se soit préalablement déposé sur les pistils des fleurs de l'arbre femelle sinon l'arbre ne produirait rien.

Est-il vrai que certaines plantes vivent aux dépens d'autres plantes?

RÉPONSE Le gui en est un bon exemple. Il enfonce ses racines dans le tronc de l'arbre sur lequel il s'est accroché et se développe en lui volant eau et nourriture. Il produit bien de la nourriture lui-même, mais jamais en quantité suffisante: si son arbre vient à mourir, il meurt aussi. Dans de nombreuses régions du monde, le gui est associé aux fêtes du Nouvel An.

▲ Gui poussant sur un chêne

▲ Coupe un arbre à l'endroit où le gui s'accroche, tu verras que ses racines sont enfoncées dans le tronc, comme des coins.

● Pour les parents

Les plantes qui s'attachent à d'autres plantes ou arbres et y puisent leur nourriture s'appellent des parasites. Il y en a, tel le gui, qui ont des feuilles vertes et produisent elles-mêmes des substances nutritives, et d'autres, comme la peste des racines, l'ægenetia ou la cassytha, qui ne produisent rien. Toutes meurent quand leur arbre hôte meurt. La cassytha, elle, lance alors ses tiges vers de nouveaux hôtes. Elle peut être à l'origine de graves dégâts.

Quelques plantes parasites

▲ **La peste des racines.** Elle pousse en puisant eau et nourriture dans les racines du chêne.

▲ **L'ægenetia.** Elle s'accroche aux racines de l'eulalia dont elle tire sa subsistance.

▲ **La cassytha.** Elle pousse en s'enroulant autour de plantes très variées et en leur volant leur nourriture.

Pourquoi les feuilles changent-elles de couleur quand le froid arrive?

RÉPONSE Les feuilles contiennent une substance verte appelée chlorophylle et une autre substance, jaune, appelée carotène — elle donne leur couleur aux carottes. Quand il commence à faire froid, la chlorophylle disparaît et seul le jaune reste visible. Chez certaines espèces, quand il fait froid, la nourriture qui reste dans les feuilles devient rouge et les feuilles rougissent. Les feuilles qui gardent leur chlorophylle même quand il fait froid restent toujours vertes; les arbres auxquels elles appartiennent sont dits «à feuilles persistantes».

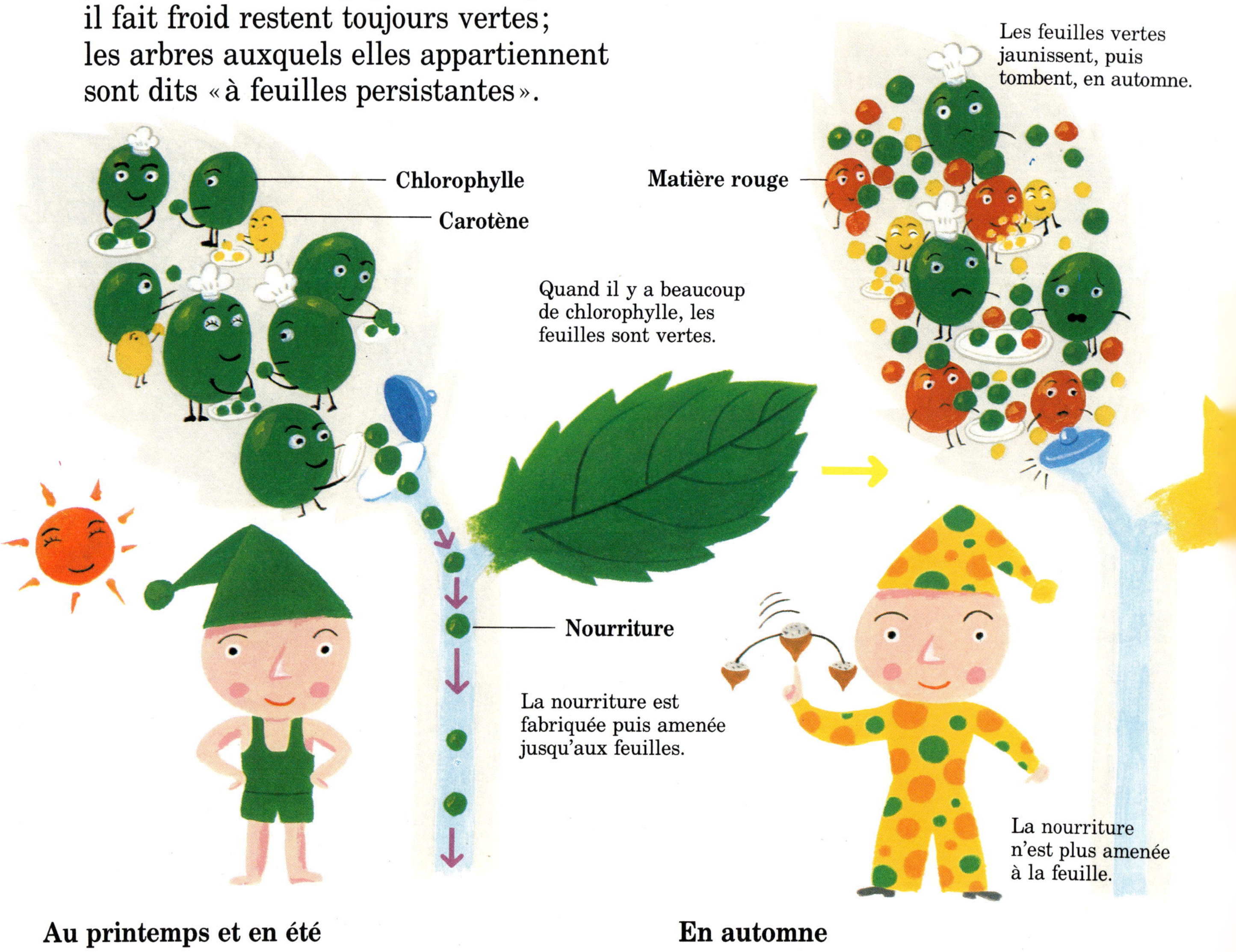

Feuilles qui rougissent et jaunissent quand il fait froid

▲ **L'érable.** Ses feuilles produisent une matière rouge, ainsi que du carotène. Elles deviennent rouge vif.

▲ **Le ginkgo.** Quand elles n'ont plus de chlorophylle, les feuilles ne contiennent que le carotène. Elles deviennent jaunes.

La nourriture restante est devenue rouge. Alors, les feuilles aussi.

En hiver

Au bout d'un certain temps, les feuilles qui ont changé de couleur tombent de l'arbre. Ces feuilles mortes pourrissent sur le sol qu'elles fertilisent.

● Pour les parents

Les feuilles doivent leur couleur verte à la chlorophylle qu'elles contiennent. Elles renferment aussi une substance jaune orangé qu'on appelle le carotène. Dans nos régions, en automne, la chlorophylle diminue et le carotène donne aux feuilles une belle couleur dorée. De plus, les substances nutritives synthétisées par les feuilles, ou anthocyanines, rougissent sous l'action des ultraviolets. Des quantités variables de ces substances créent toute la gamme des couleurs automnales. Sous les tropiques, ces changements de couleur des feuilles sont rares.

Pourquoi certains arbres perdent-ils leurs feuilles en hiver ?

RÉPONSE Dans nos régions, les jours sont plus courts en hiver qu'au printemps et en été. De plus, il fait plus froid. Cela signifie que les racines et les feuilles de certains arbres se reposent. Les arbres se reposent en perdant leurs feuilles, dans l'attente du printemps.

▲ Un cerisier en hiver

Les arbres se préparent à la venue du printemps

Bien que ses feuilles soient tombées, l'arbre ne se repose pas complètement. Il est occupé à fabriquer des bourgeons qui donneront des feuilles et des fleurs nouvelles lors du prochain printemps.

Bourgeon: la toute petite future feuille est en train de naître.

▲ Bourgeons de cerisier en hiver

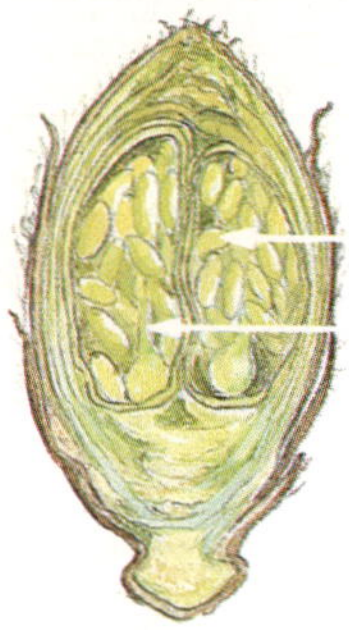

Un bouton de fleur

Certains arbres gardent leurs feuilles en hiver

Il existe des arbres qui supportent mieux le froid que d'autres. Les pins, qui en font partie, ne perdent jamais leurs feuilles, même en hiver. Quand le printemps arrive et que les nouvelles feuilles sortent, alors seulement, les anciennes feuilles tombent. On dit de ces arbres qu'ils sont à feuilles persistantes.

▲ **Les cèdres.** Ils gardent toutes leurs feuilles en hiver.

En hiver

Au printemps

Ils fleurissent en hiver

Camélia

Sasanqua

• Pour les parents

Les arbres, tels le cerisier et le ginkgo, qui perdent leurs feuilles en hiver sont dits «à feuilles caduques». Ceux qui gardent leurs feuilles en hiver, le pin par exemple, sont dits «à feuilles persistantes». À l'approche de l'hiver, l'activité de l'arbre ralentit, pour deux raisons précises: les heures de jour sont moins nombreuses et les températures sont plus basses. À l'instar des serpents et des grenouilles, qui hibernent, les plantes s'organisent pour réduire alors la quantité d'énergie qu'elles consomment.

❓ Pourquoi les troncs d'arbres ont-ils tant de cernes ?

RÉPONSE De même que les fleurs et les herbes, les arbres continuent à vivre en hiver. Ils continuent aussi à pousser. Regarde la section d'un tronc d'arbre coupé, tu y verras plein de cercles concentriques. Les anneaux clairs correspondent aux chaudes journées du printemps et de l'été, quand l'arbre a poussé très vite ; les anneaux foncés à l'automne, quand il a poussé plus lentement. Plus l'arbre est vieux, et plus ses « cernes » sont nombreux.

▲ Chaque année, un nouveau cerne se crée. Alors, en comptant les cernes du tronc tu peux savoir quel âge l'arbre avait quand il a été coupé.

Au printemps et en été

L'arbre pousse vite et fabrique un anneau clair.

En automne

Il pousse plus lentement ; le nouvel anneau sera foncé.

▲ L'hiver, il se repose.

Au printemps et à l'été suivants

Il pousse à nouveau très vite ; encore un anneau clair !

À l'automne suivant

Il pousse encore un peu et se fait un anneau foncé.

L'être vivant le plus vieux du monde

• Pour les parents

Les anneaux d'un tronc d'arbre se forment année après année ; on les appelle cernes de croissance. En les comptant, on peut déterminer l'âge d'un arbre. La plupart des scientifiques pensent que le pin à cônes épineux (pinus aristata), qu'on trouve dans l'ouest des États-Unis, est l'arbre le plus vieux du monde. Le cèdre Jomon, qui pousse à Yakushima, une île située au sud de Kyushu, la plus méridionale des grandes îles du Japon, est également très ancien ; de même que le cyprès Montezuma qui pousse à Oaxaca, au Mexique.

Combien mesurent les arbres?

RÉPONSE

Il y a des arbres de toutes tailles (ça dépend de l'espèce et de l'âge). Les plus hauts du monde sont les séquoias bois rouge qui vivent en Californie. Certains d'entre eux peuvent atteindre 117 mètres de haut.

Ils battent tous des records!

La plus grosse graine est celle du palmier.

Le banian indien possède le plus grand nombre de troncs.

Le cèdre Jomon est l'un de ceux qui ont le plus gros tronc.

Les arbres nains sont les plus petits du monde.

• Pour les parents

Le séquoia bois rouge, que l'on rencontre le long de la côte ouest des États-Unis, est l'arbre le plus haut du monde, alors que le séquoia géant a la plus grande circonférence. À l'opposé, il existe des arbres nains, vraiment très petits; ils poussent naturellement dans les plaines au rude climat de l'Arctique. Une graine de palmier peut peser jusqu'à 22 kg. Les nombreux troncs du banian sont, en réalité, de grosses racines aériennes: elles ont poussé à partir des branches de l'arbre, puis sont tombées jusqu'à terre. Le tronc du cèdre Jomon mesure, à la base, 43 mètres de circonférence.

Pourquoi certaines graines collent-elles?

RÉPONSE Les graines ont besoin de se répandre dans des endroits nouveaux pour pousser. Mais, comme elles ne peuvent pas voyager toutes seules, elles s'accrochent à nos vêtements et au pelage des animaux. Elles sont ainsi transportées de la plante mère jusqu'au lieu où elles pourront se fixer et développer leurs propres graines.

Les graines collantes

Elles s'agrippent avec des crochets

Celle-ci n'a que deux piquants, mais elle s'accroche comme si elle en avait au moins vingt.

Tu ne peux pas voir ses crochets, mais tu ne douteras plus de leur existence quand elle sera sur toi.

Graine de bardane
Avec toutes ces épines, pas de risque de lâcher prise!

• Pour les parents

Les graines utilisent, pour se disperser, des moyens de transport divers: le vent, pour le pissenlit et l'eulalia; la plante elle-même, pour la balsamine et l'oxalis; ou bien les animaux et les hommes, comme on le voit sur ces pages. Certaines graines enfin, comme celles du cerisier, poussent à l'intérieur d'un fruit qui est mangé par les oiseaux ou autres animaux; elles traversent ainsi leur tube digestif avant d'être rejetées ailleurs.

Elles se collent

Huit lobes... Peut-être pour coller huit fois mieux!

C'est joli, non? En plus, ça colle très bien!

Comment les glands donnent-ils des chênes ?

RÉPONSE En automne, les chênes perdent leurs glands ; ils tombent sur le sol en très grand nombre et, pour la plupart, pourrissent ou sont mangés par les mulots, etc. Quelques-uns, cependant, se mettent à germer : une racine apparaît pendant l'hiver et, au printemps, une feuille. Avec la chaleur, la pousse se développe.

En hiver

▲ Une racine, ou germe, sort de la pointe du gland.

Il faut environ dix ans à un gland pour grandir jusqu'à devenir un arbre robuste.

• Pour les parents

Les graines des arbres de la famille du chêne sont appelées des glands. La coquille dure du gland renferme une seule graine. Si tout se passe bien, un gland posé au sol peut devenir un chêne. En fait, seul un très petit nombre d'entre eux deviendront de grands arbres. Les glands sont la nourriture d'hiver de nombreux animaux.

Au printemps

▲ Au bout d'un certain temps, le germe se transforme en feuille.

▲ Puis d'autres feuilles apparaissent... un jeune arbre est né!

Pourquoi les châtaignes ont-elles tant de piquants?

RÉPONSE La châtaigne est la graine du châtaignier. C'est grâce à elle qu'un nouveau châtaignier pourra pousser. Alors, les piquants de sa bogue (son enveloppe) évitent que les insectes ou les animaux ne la mangent avant. Quand la graine est prête à pousser, sa bogue éclate et elle sort.

Et comment sont protégées les graines des autres arbres?

Les graines de certains arbres sont cachées à l'intérieur de leurs fruits. Tant que les graines ne sont pas prêtes à pousser, le fruit est trop amer pour que qui que ce soit le mange. Quand elles le sont, le fruit devient sucré et attirant.

Le fruit est amer car la graine n'est pas prête.

Quand la graine est prête, les oiseaux qui mangent les fruits la rejettent.

Une toute nouvelle pousse ▶

• Pour les parents

La bogue de la châtaigne, comme la cupule du gland, résulte de la modification de la partie des fleurs à pistil appelée réceptacle. Les piquants de la bogue servent de défense à l'organisme. Les graines de nombreux arbres, comme le pommier, sont enrobées de la pulpe d'un fruit qui n'est pas comestible tant que la graine n'est pas complètement prête pour la reproduction.

Pourquoi les fleurs du pissenlit volent-elles?

RÉPONSE En réalité, la fleur du pissenlit est faite d'un très grand nombre de petites fleurs réunies ensemble. Après que le pissenlit a fleuri, chacune de ses nombreuses fleurs donne une graine, munie d'une aigrette blanche. Le vent emporte l'aigrette... et la graine par la même occasion. Quand la graine tombe sur le sol, elle germe et donne naissance à un nouveau pissenlit. Parfois, les enfants aident la nature: ils s'amusent à souffler sur la boule de fines plumes.

Pour les parents

Chaque pétale de la fleur du pissenlit est pourvu d'un pistil et d'étamines. Et, bien qu'on ait l'impression d'être en présence d'une fleur simple, il s'agit d'un agrégat de fleurs, appelé capitule. Les graines apparaissent après la floraison et, tandis qu'elles mûrissent, une longue tige apparaît à l'extrémité de chacune; puis une aigrette, le périanthe, se déploie et permet à la graine de pissenlit d'être transportée par le vent sur un terrain où elle pourra germer.

Chaque graine flotte avant de se poser.

Elle enfonce ses racines dans la terre.

Bientôt un nouveau pissenlit apparaît.

Les bananes ont-elles des graines?

RÉPONSE À l'origine, les bananes avaient des graines. Mais, à cause d'elles, elles étaient difficiles à manger. Alors, les producteurs ont réussi à en produire une espèce sans graines. Les espèces avec des graines existent toujours!

▲ Bananes coupées en deux. Les petites boules noires que tu vois sont des graines.

Les bananes sont cueillies vertes; mais on ne les ma que quand elles so d'un beau jaune!

Si les bananes avaient des pépins, ce ne serait pas rigolo!

Sans graines, comment les bananiers se reproduisent-ils?

De nouvelles pousses sortent des racines du bananier. Si on coupe ces pousses et qu'on les plante, d'autres arbres pousseront et donneront des bananes sans graines. Les bananiers poussent uniquement dans les pays chauds des régions tropicales.

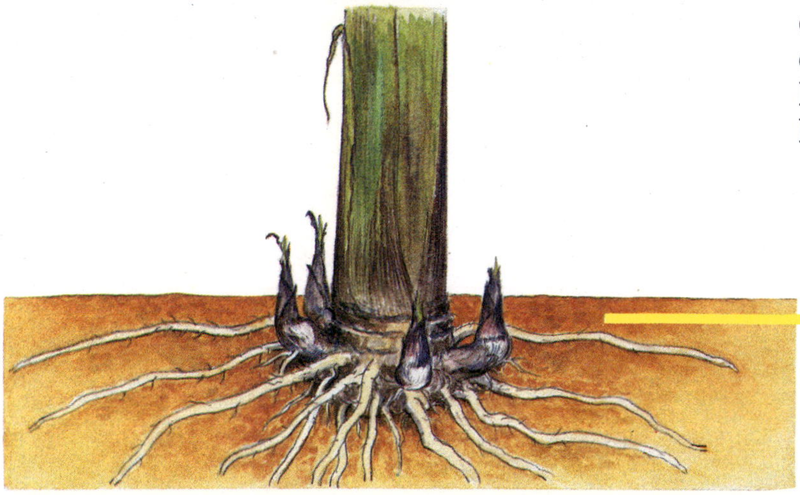

Les pousses sont coupées et transplantées.

Autres exemples de fruits délicieux n'ayant pas de graines

Tous ces fruits ont normalement des graines. Mais, pour chacun, on a réussi à mettre au point des espèces à manger, sans graines.

▲ Raisin

▲ Pastèque

▲ Kaki

● Pour les parents

On croit souvent que les bananes ont toujours été dépourvues de pépins; mais, à l'origine, elles avaient des graines. En fait, de nombreuses variétés de bananes sauvages du Sud-Est asiatique et d'autres pays chauds ont de grandes graines qui servent à la reproduction. Les variétés sans graines que l'on cultive sont obtenues à partir de boutures. Des raisins sans pépins s'obtiennent en plongeant leurs fleurs dans un produit chimique. D'une manière analogue, on élimine les pépins de la pastèque grâce à un traitement chimique des graines.

Comment un figuier peut-il donner des fruits alors qu'il n'a pas de fleurs?

RÉPONSE Oh! Mais les figuiers ont bel et bien des fleurs. Nous ne les voyons pas parce qu'elles fleurissent à l'intérieur des figues. Ces fleurs ont des pistils et des étamines comme les autres, et elles donnent des graines. Quand tu manges une figue, les petites choses granuleuses que tu croques sont les graines. Les figuiers sont les arbres fruitiers qui vivent le plus longtemps; on en trouve de vieux de 2 000 ans. Le figuier donne, en général, deux récoltes par an de fruits savoureux.

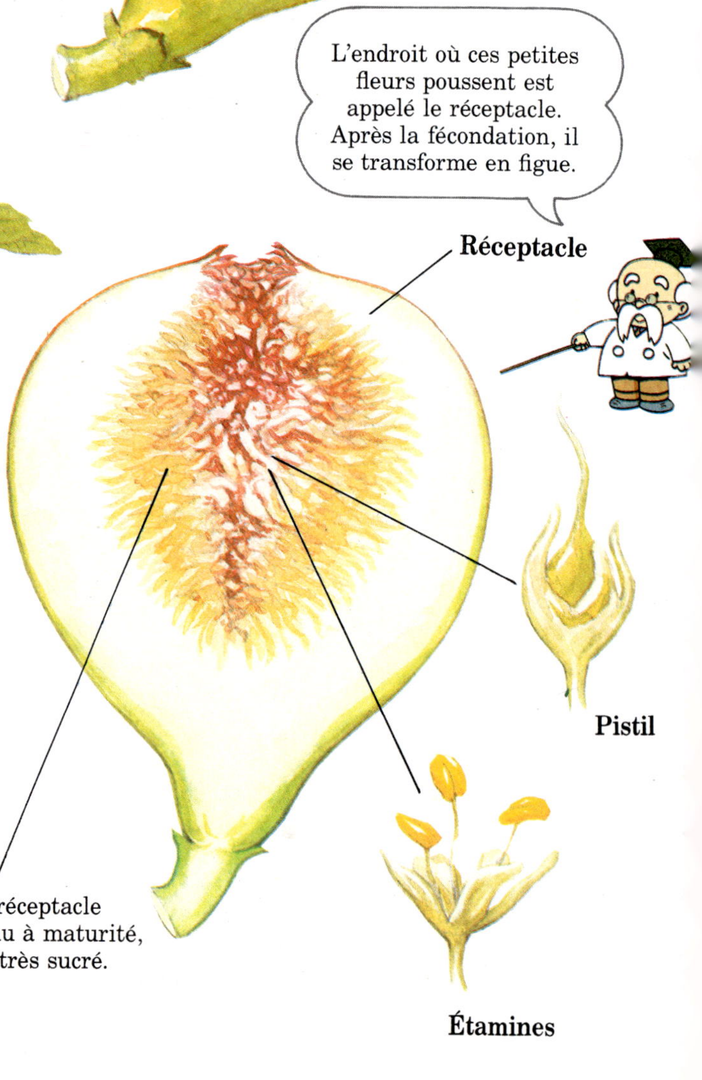

Lesquelles sont des fleurs?

Toutes les belles plantes que nous voyons ici ressemblent à de très jolies fleurs. En réalité, certaines d'entre elles n'en sont pas! Les fleurs ont encore bien des secrets à te livrer! Regarde!

▲ **Poinsettia**

▲ **Bougainvillée**

▲ **Lysichiton**

▲ **Helwingia**

● Pour les parents

À première vue, le figuier ne semble pas avoir de fleurs, et l'on croirait qu'il a des petits fruits dès le début. Mais le fruit, ou réceptacle, contient en fait un grand nombre de fleurs mâles et femelles. À l'inverse, le poinsettia et la bougainvillée ont des extrémités aux couleurs vives qui font penser à des fleurs, alors qu'il s'agit d'une forme modifiée de la feuille. La fleur, petite et discrète, s'épanouit à l'intérieur de la feuille.

Comment les herbes sauvages poussent-elles sans qu'on leur donne de nourriture?

RÉPONSE Les prés et les collines sont couverts de fleurs et de plantes mortes. Elles pourrissent et la matière qu'elles contiennent part dans la terre où elle se transforme en engrais. L'herbe sauvage utilise cette nourriture pour pousser. Dans les champs, les récoltes sont coupées et emportées. Leur matière morte ne retourne donc pas à la terre. Et les fermiers doivent la remplacer par des engrais chimiques.

▲ Prêles poussant au milieu des herbes mortes

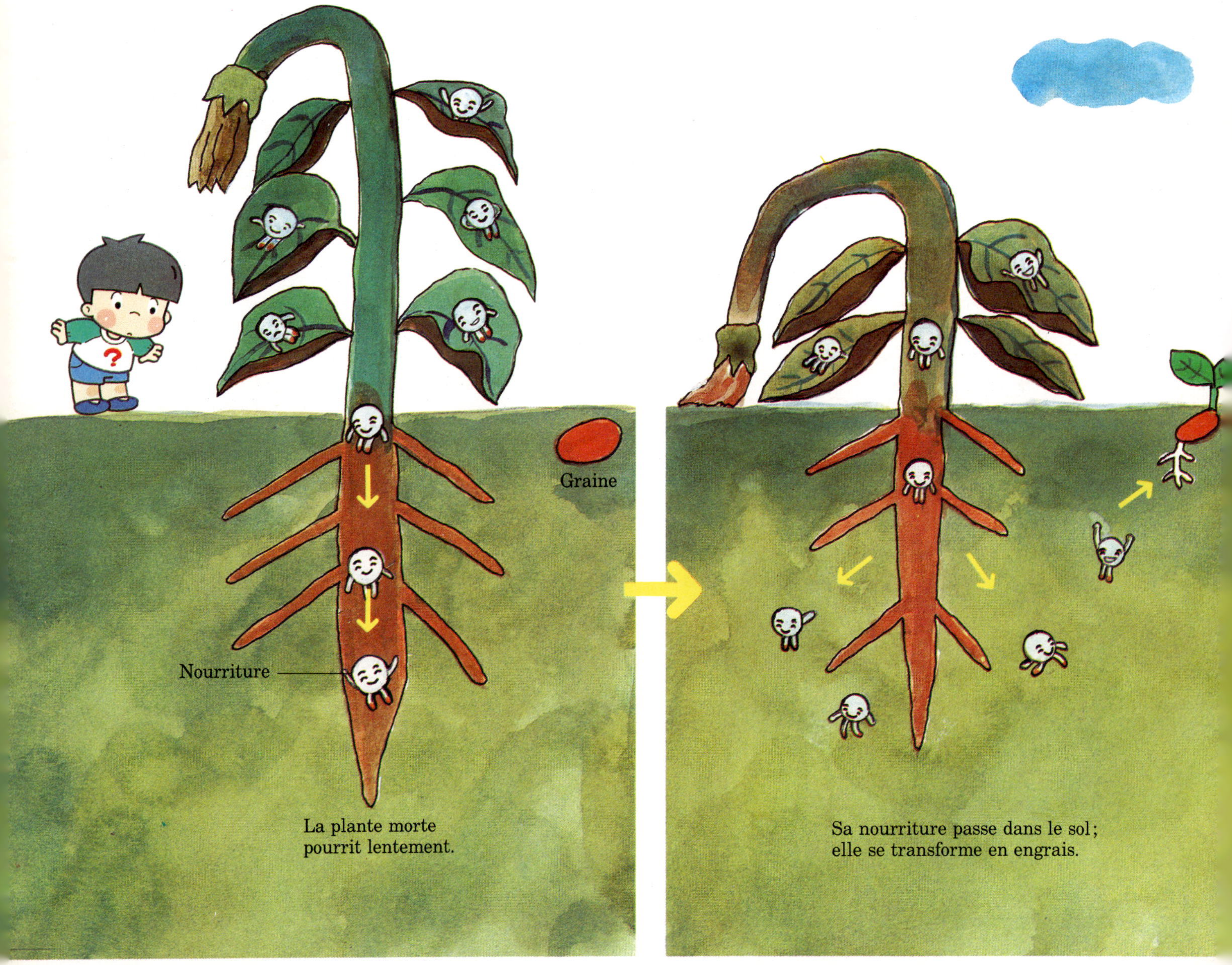

Les cendres d'herbes brûlées sont un très bon engrais.

● Pour les parents

Les plantes satisfont une part importante de leurs besoins nutritifs au moyen de la photosynthèse. Le reste est extrait du sol par les racines. Les éléments nutritifs vitaux sont l'azote, le phosphore et le potassium, les trois constituants de base des engrais. Dans la nature, les herbes fanées, les feuilles mortes et les corps de petits animaux se décomposent et donnent un engrais naturel. Les rejets des vers de terre et des petits insectes acariens font de même.

Les feuilles mangées par les insectes sont également transformées en engrais.

Une plante qui germe absorbe la nourriture qui lui est fournie par les plantes pourries.

Grâce à cela, elle devient de plus en plus belle.

? Pourquoi retourne-t-on la terre avant de planter des graines?

RÉPONSE On la retourne avant de planter pour que les graines germent plus facilement. Ça aère la terre et ça permet à la pluie de mieux pénétrer dans le sol. En bêchant, on fait aussi fuir les insectes et on arrache les mauvaises herbes. On en profite enfin pour enlever les grosses pierres. Tout ceci favorise le développement des graines.

Si la terre a été retournée...

▲ Dans une terre bêchée avec soin, les racines s'étendent rapidement en profondeur et sur les côtés.

● Pour les parents

Au moment de germer, les graines ont besoin d'humidité, d'air et d'une température adéquate. À moins d'être arrosées, des graines séchées ne germeront jamais, même après des années. Les pousses commencent à respirer dès qu'elles sortent; elles ont donc besoin d'air, sinon elles meurent. En remuant la terre, on leur a fourni de l'air et on a favorisé l'absorption de l'eau de pluie. L'exposition de la terre retournée aux rayons du Soleil tue les insectes et les bactéries. Par la même occasion, les racines des mauvaises herbes sont coupées. Ces dernières meurent et sont enterrées dans la terre où elles formeront de l'engrais. Le bêchage ramollit la terre et permet enfin aux jeunes racines de s'y enfoncer plus vite et plus facilement.

Si la terre n'a pas été retournée...

Pourquoi arrache-t-on les mauvaises herbes?

RÉPONSE Les mauvaises herbes ont beaucoup de force. Elles accaparent l'eau et l'engrais que nous destinions aux légumes et aux autres plantes. Alors, ces derniers ne grossissent pas comme ils le devraient. De plus, les mauvaises herbes trop hautes cachent le soleil aux légumes. En enlevant les mauvaises herbes, on assure à nos plantations toute l'eau, tout l'engrais et tout le soleil dont elles ont grand besoin pour pousser.

▲ Attention, les mauvaises herbes envahissent tout!

Si nous n'arrachons pas les mauvaises herbes...

elles vont gêner le développement des légumes.

Les mauvaises herbes sont très vigoureuses

Elles accaparent eau et engrais.

Les piétiner ne sert à rien!

Si on n'arrache pas leurs racines, elles repoussent.

Comment les mauvaises herbes font-elles pour pousser puisque personne ne les plante?

Le vent favorise la pousse des mauvaises herbes en transportant les graines d'un endroit à un autre. Dès que les graines ont touché terre, elles se mettent à pousser.

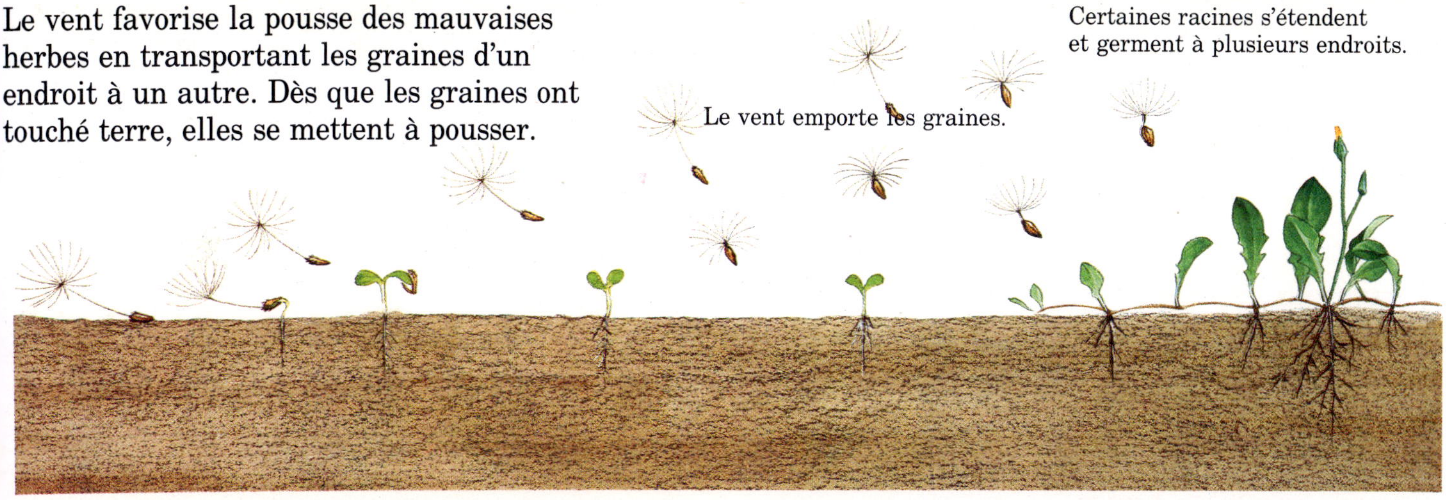

Quelques variétés de mauvaises herbes

▲ De nombreuses variétés d'herbes envahissent les rizières.

▲ L'érigéron pousse là où l'herbe n'est pas coupée.

▲ Le lamier (ortie rouge) aime les endroits ensoleillés.

• Pour les parents

Le désherbage est une opération importante. Sans désherbages réguliers, les plantes cultivées s'affaibliraient au profit des mauvaises herbes plus vigoureuses. À la différence des fleurs et des plantes cultivées, les graines des mauvaises herbes germent et poussent sur les sols non labourés et parfois même sans être recouvertes de terre. Et leurs racines survivent après que la plante a été coupée.

Les cactus ont-ils des feuilles?

RÉPONSE Oui. Leurs aiguilles pointues sont des feuilles. Les cactus peuvent pousser dans des endroits très secs, comme les déserts. Et ces très petites feuilles leur permettent de ne pas perdre leur eau. Elles sont également des armes très effilées qui protègent le cactus contre les oiseaux et autres prédateurs.

Les cactus emmagasinent l'eau

Dans le désert, il pleut rarement. C'est pourquoi le cactus a des racines qui absorbent très vite des quantités d'eau même très petites. Il emmagasine cette eau dans sa tige. Puis, pendant la longue période de sécheresse, il l'utilise lentement.

Quand il ne pleut pas, le cactus utilise l'eau qui est dans sa tige; il maigrit progressivement.

▲ **Une tige amaigrie et sans eau**

▼ Les épines d'un cactus

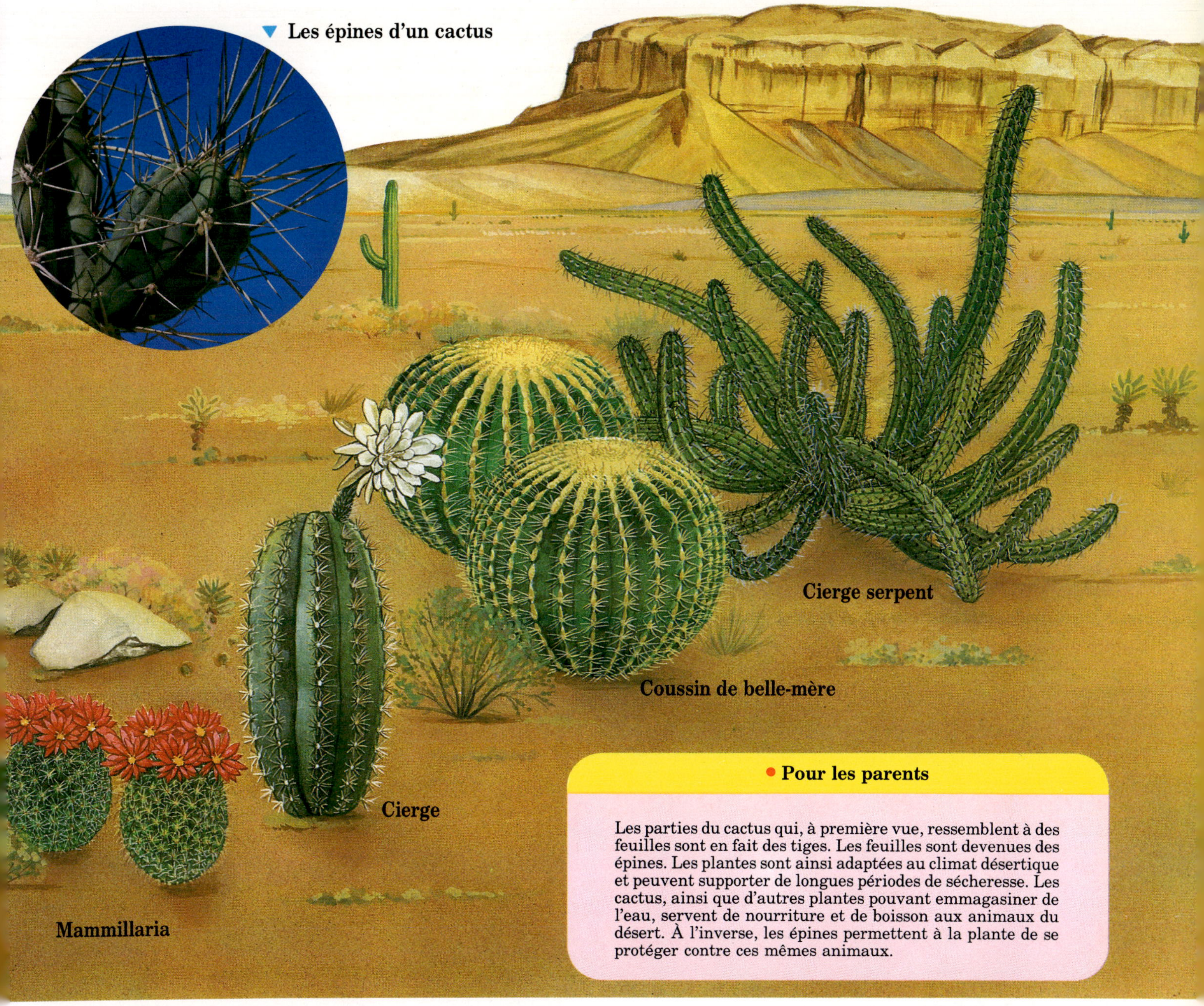

• Pour les parents

Les parties du cactus qui, à première vue, ressemblent à des feuilles sont en fait des tiges. Les feuilles sont devenues des épines. Les plantes sont ainsi adaptées au climat désertique et peuvent supporter de longues périodes de sécheresse. Les cactus, ainsi que d'autres plantes pouvant emmagasiner de l'eau, servent de nourriture et de boisson aux animaux du désert. À l'inverse, les épines permettent à la plante de se protéger contre ces mêmes animaux.

Le cactus a beaucoup de racines qui restent à la surface de la terre. Dès qu'il pleut, elles absorbent immédiatement l'eau qui tombe.

▲ La tige d'un cactus qui vient d'absorber de l'eau de pluie

Pourquoi le bambou est-il creux?

RÉPONSE

Le bambou se développe à partir d'une pousse. Si tu coupes une pousse de bambou dans le sens de la longueur, tu verras, à l'intérieur, des alvéoles avec leurs cloisons; les cloisons sont très proches les unes des autres. Plus tard, la pousse va se développer en s'allongeant, mais sans s'élargir. Les cloisons vont s'écarter; les alvéoles vont grandir. Le bambou va devenir tout creux.

▲ **Une forêt de bambous.** Il y a plein de nouvelles pousses!

Le secret du bambou

Les pousses de bambou sortent d'une tige qui court sous le sol. Elles grandissent très vite. Parfois, il leur suffit d'un seul jour pour devenir aussi grandes que toi. Elles deviennent, de toute façon, de robustes plantes adultes en très peu de temps. Les bambous ont des fleurs, mais, peu après la floraison, la plante meurt.

Les pousses de bambou sortent de tiges qui courent sous terre.

▲ Une fleur de bambou vue de près

Une pousse qui, hier encore, était grande comme ça...

peut devenir aussi grande que toi en un seul jour!

● Pour les parents

Le bambou n'est pas un vrai arbre mais une plante de la famille des graminées (ou graminacées). Les arbres ont une zone génératrice appelée cambium qui permet à leur tronc de s'élargir au cours du temps; les graminées (les herbes par exemple) en sont dépourvues. Au-delà d'une certaine largeur, le bambou n'épaissit plus mais pousse en hauteur. Il se reproduit en faisant germer un grand nombre de pousses à partir d'une même tige rampante souterraine, ou grâce à ses fleurs qui produisent des graines.

Le maïs a-t-il de la barbe?

RÉPONSE Les fleurs mâles, qui n'ont que des étamines, s'épanouissent à l'extrémité de la tige du maïs. Les fleurs femelles sont, elles, regroupées juste en dessous; chacune possède un long fil ressemblant à de la soie: son pistil. Ce sont ces fils (ou barbes) qui sortent des épis.

▲ **Les pistils.** Chacun des longs pistils est attaché à un grain de maïs.

Les fleurs femelles ont de longs pistils qui font penser à des fils de soie.

Le pollen des fleurs mâles, porté par le vent, se pose sur les pistils.

Les épis de maïs se forment. Les grains de maïs apparaissent, à la base des pistils.

• Pour les parents

Un grand nombre de fleurs mâles s'épanouissent sur l'aigrette qui termine une tige de maïs. La fécondation se produit quand le pollen porté par le vent se dépose sur le bout des pistils filiformes des fleurs femelles implantées à la base des feuilles. Si le pollen ne touche pas le bout du pistil, le grain auquel il est attaché ne se développera pas. C'est ce qui explique les trous que l'on voit parfois dans l'implantation des grains d'un épi de maïs.

Pourquoi les racines de lotus sont-elles pleines de trous?

RÉPONSE La racine d'un lotus s'enfonce dans la boue du fond d'un lac ou d'un étang. Et, comme il y a très peu d'air dans cette boue, elle reçoit le sien par l'intermédiaire des feuilles de la plante, qui flottent à la surface de l'eau. Ce sont ces trous, ainsi que ceux qui courent tout le long des tiges, qui permettent à l'air d'arriver depuis les feuilles jusqu'à elle.

▲ Racine de lotus

▲ Tige de feuille de lotus

Les palétuviers poussent dans les marécages. Pour avoir de l'air, leurs racines se dressent au-dessus de l'eau. On les appelle des racines respiratoires: elles absorbent l'air, pas l'eau.

● Pour les parents

Bien que l'on parle communément de la « racine » du lotus, il s'agit en fait d'une partie de sa tige. Tout comme la pomme de terre, elle transforme un segment de cette tige en entrepôt de nourriture souterrain. Il y a très peu d'air dans la boue, et les plantes aux racines aquatiques prennent leur air de différentes manières. Si les feuilles flottantes du lotus sont coupées, la plante meurt.

C'est une prêle?

RÉPONSE La prêle est une plante qui a, en quelque sorte, une double vie. En hiver, elle ressemble aux plantes que tu peux voir à droite, mais au printemps, une autre plante germe à partir de la même racine; elle donne les tiges vertes du dessin ci-dessous. Quand une plante meurt, l'autre naît et la remplace; et ainsi de suite.

Au printemps, c'est une autre plante qui pousse.

La prêle d'hiver se fane et meurt.

▲ Quand la neige fond, les prêles d'hiver envahissent le sol. Elles aiment les endroits humides et marécageux, dans le monde entier.

▲ **Au printemps.** Les prêles d'hiver sont remplacées par de nouvelles plantes.

• Pour les parents

Les prêles se reproduisent de deux façons: par des spores ou par des pousses qui germent de racines souterraines. Les spores, fines comme de la poussière, sont disséminées par le vent quand la queue de la prêle éclate. Elles forment une substance mousse dans un environnement humide. Puis la fécondation a lieu; après quoi la prêle de printemps se met à pousser rapidement. On trouve des prêles dans tous les endroits humides de tous les continents. Les ménagères s'en servaient autrefois pour nettoyer les casseroles.

Le chou a-t-il des fleurs?

RÉPONSE Oui. Mais, d'habitude, ils sont récoltés avant qu'elles n'apparaissent. Au début, les feuilles du chou sont bien ouvertes. Mais, au fur et à mesure que la plante pousse, elles s'enroulent en une espèce de boule ronde. Ensuite, elles s'ouvrent à nouveau; alors seulement, les belles fleurs jaunes du chou naissent.

▲ Les jolies fleurs jaunes du chou

▲ Un jeune chou coupé en deux

• Pour les parents

Le chou est une plante voisine du colza. Leurs fleurs se ressemblent. Le chou-fleur et le brocoli font partie de la même famille. Les feuilles du jeune chou s'étalent ; elles se replieront ensuite pour former une grosse boule. C'est à ce moment-là que le légume est généralement cueilli pour être mangé. Mais, si on le laisse pousser, les feuilles s'ouvrent à nouveau et une tige émerge du centre. La floraison a normalement lieu à la fin de l'hiver.

Les feuilles s'ouvrent à nouveau et une tige commence à pousser.

Un chou à maturité, avec ses jolies fleurs jaunes.

Comment poussent les champignons?

RÉPONSE

Les champignons poussent à partir de graines minuscules appelées spores. Ces spores se trouvent sous le chapeau du champignon. Aussi fines que de la poussière, elles s'envolent au vent et vont se poser sur les feuilles mortes dont elles tirent leur nourriture. Peu après, elles donnent naissance à de beaux champignons.

L'amanite tue-mouche pousse dans les aiguilles de pin et les feuilles mortes de bouleau.

Le champignon des pommes de pin pousse sur les pommes de pin.

Le phalle impudique pousse au milieu des feuilles mortes.

La morille pousse dans les forêts et les prés.

Le champignon des grillons pousse sur leurs carapaces.

Le champignon des pins tire sa nourriture des racines de pin.

Ce polypore préfère les arbres morts.

Les polypores aiment les souches d'arbres.

• Pour les parents

Les champignons se propagent au moyen des spores qu'on trouve en dessous de leur chapeau. Le vent ou les insectes les transportent sur les souches ou les feuilles mortes. Ensuite, les spores germent et tissent un réseau souterrain de minuscules filaments, appelé mycélium. Le champignon se développe à partir de ces ramifications.

Les attrape-mouche mangent-ils vraiment des insectes?

RÉPONSE Quand la dionée (qu'on appelle aussi attrape-mouche) gobe une mouche, elle transforme la chair de l'insecte en une sorte de jus épais dont elle se nourrit. Quand il ne reste plus de jus, la plante ouvre à nouveau ses feuilles et rejette les morceaux de mouche non digérés. De la mouche, il ne reste que l'ombre sur la fleur.

Quand une mouche se pose sur la plante, sa feuille se referme d'un seul coup!

▲ **La mouche est prise.** Les bords de la feuilles sont garnis de pointes qui se referment comme les barreaux d'une cage!

▲ Quand la feuille se rouvre, on ne voit plus que l'ombre de la mouche

Les morceaux de la mouche qui n'ont pas été digérés sont rejetés à l'extérieur.

D'autres plantes aussi, attrapent les insectes!

▲ **Le népenthès.** Il se nourrit des insectes qui tombent dans son cornet.

▲ **La sarracenia.** Sa feuille a la forme d'un sac. Les insectes qui y entrent ne peuvent plus s'en échapper.

▲ **Le drosera.** Ses fleurs sécrètent un jus gluant dont les insectes ne peuvent se dépêtrer.

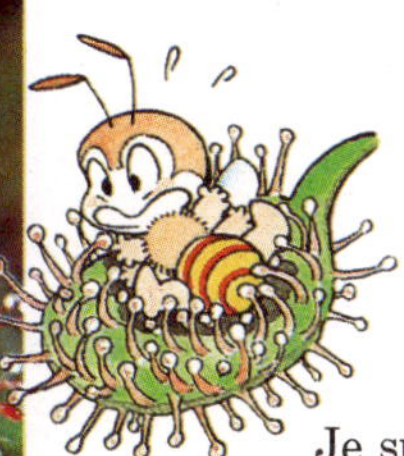

• Pour les parents

Les plantes qui attrapent les insectes et s'en nourrissent sont dites carnivores. La dionée n'existe que dans une petite région de la côte est de l'Amérique du Nord. Quand elle attrape un insecte, elle excrète un fluide digestif qui dissout les protéines du corps de l'insecte et les transforme en un liquide qu'elle peut absorber. L'opération dure environ une semaine. Les plantes carnivores ne vivent pas uniquement d'insectes; mais celles qui attrapent et digèrent les insectes sont plus grosses et plus vigoureuses que celles qui ne bénéficient pas d'un tel régime.

Pourquoi y a-t-il si peu de plantes au bord de la mer?

RÉPONSE Les plages sont souvent couvertes de sable. Or le sable ne retient pas l'eau ; de plus, par grand vent, il recouvre tout, y compris les plantes. Quand la marée monte, ces dernières peuvent également être emportées par les vagues. L'eau salée et les embruns, enfin, tuent la plupart des végétaux. Certaines plantes, cependant, aiment la mer.

Elles vivent au bord de la mer

Les plantes qui poussent au bord de la mer supportent l'eau salée et survivent même enfouies quelque temps dans le sable. Leurs racines progressent alors à travers la dune et de nouvelles fleurs arrivent à percer.
De telles plantes ont de longues racines, qui s'enfoncent très profondément dans le sol, loin de la mer, à la recherche d'eau douce.

La plante est couverte de sable, mais des pousses ont réussi à percer.

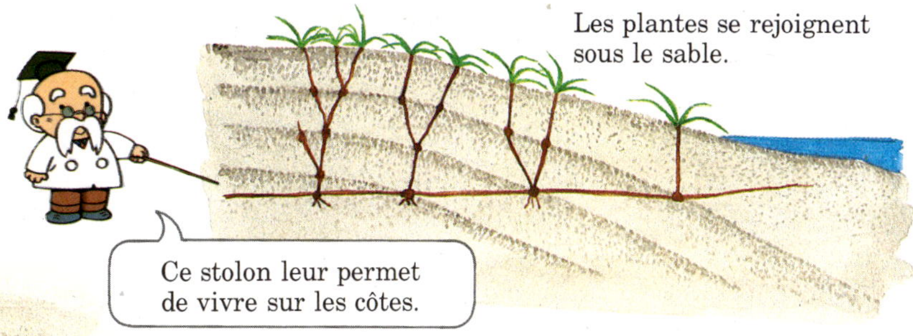

Sa longue racine alimente la plante en eau douce.

Sa racine n'est pas seulement longue, elle est aussi épaisse.

▲ **Palétuviers.** Ils peuvent même pousser dans l'eau de mer.

• Pour les parents

Le bord de la mer n'est pas un milieu hospitalier pour les plantes. Le rayonnement solaire intense et le vent salé empêchent les végétaux ordinaires d'y pousser. Parmi les plantes les plus communes du littoral figurent de nombreuses variétés de convolvulacées comme celles de la page précédente. Les palétuviers abondent, eux, sur toutes les côtes tropicales que la mer inonde régulièrement.

Comment certaines plantes peuvent-elles flotter?

RÉPONSE

Les plantes qui vivent à la surface de l'eau possèdent des flotteurs qui les empêchent de couler. Elles ont aussi des racines qui font contrepoids. De sorte que, quand le vent souffle, elles ne se retournent pas mais glissent lentement.

L'intérieur d'un flotteur

L'intérieur de la jacinthe et de la lentille d'eau comporte beaucoup de parties creuses. Ces espaces sont remplis d'air; si bien que la plante, plus légère que l'eau, peut flotter.

▲ Coupe latérale d'un flotteur de jacinthe d'eau.

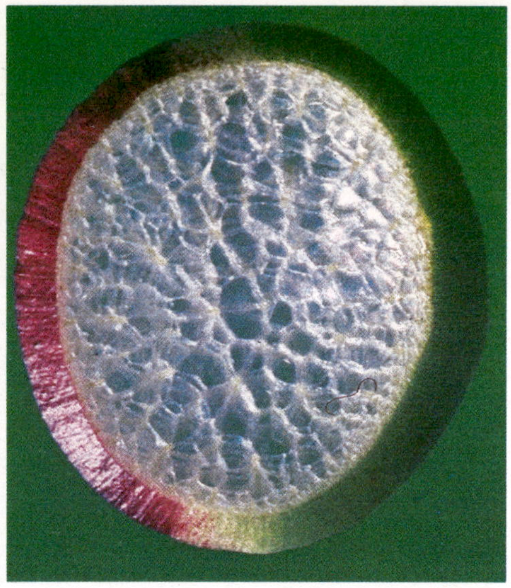

▲ Les compartiments du même flotteur vu de dessus.

Les racines font contrepoids

Les racines de la jacinthe et de la lentille d'eau pendent en dessous d'elles et jouent le même rôle que la quille d'un bateau: elles évitent que la plante ne se renverse pour une raison ou pour une autre. Ce sont également elles qui puisent dans l'eau la nourriture dont la plante a besoin pour vivre.

▲ Les racines de la jacinthe sont touffues.

▲ Les racines de la lentille sont filiformes.

Les lentilles d'eau poussent très vite

▲ Si on les laissait, elles pourraient envahir un étang.

• Pour les parents

La forme des plantes s'adapte à leur environnement. Les plantes aquatiques, qui flottent et glissent au gré des vents et des courants, se sont ainsi développées différemment des plantes terrestres. Elles sont équipées de flotteurs et leurs racines jouent le rôle de contrepoids. On trouve souvent des jacinthes d'eau dans les aquariums à poissons rouges.

Pourquoi y a-t-il un trou dans le fond des pots de fleurs?

RÉPONSE 1 Ce trou évite qu'une trop grande quantité d'eau ne reste à l'intérieur du pot, ce qui noierait les racines et ferait mourir la plante. Grâce au trou, l'eau qui est en trop peut s'échapper. D'ailleurs, les plantes préfèrent un petit peu d'eau, régulièrement, plutôt que beaucoup d'eau, d'un seul coup.

• Pour les parents

Si l'eau ne peut pas s'écouler convenablement d'un pot de fleurs, la plante qu'il contient risque de pourrir. De même, l'air doit pouvoir circuler librement et, pour cela, disposer d'une entrée et d'une sortie. Sans trou au fond du pot, la ventilation de la terre est insuffisante et les racines risquent d'étouffer. Un trou au fond de chaque pot est donc indispensable à l'équilibre de vos plantations. De plus, les parois des pots doivent être poreuses, pour faciliter encore le « processus respiratoire ».

RÉPONSE 2 Le trou au fond des pots est indispensable également à la libre circulation de l'air. Sans lui, il n'y en aurait pas assez dans la terre et la plante ne pourrait rester en bonne santé. Avec suffisamment d'air et pas trop d'eau, tes plantes auront toutes les chances d'être belles.

ESSAIE

Si tu gardes ces recommandations à l'esprit au moment où tu feras tes plantations, l'air et l'eau circuleront mieux dans la terre.

Mets un fragment de pot ou une petite pierre sur le trou.

Dépose, sur le fond, du gravier ou une motte de terre dure.

Remplis le pot avec de la terre molle et très bien tamisée.

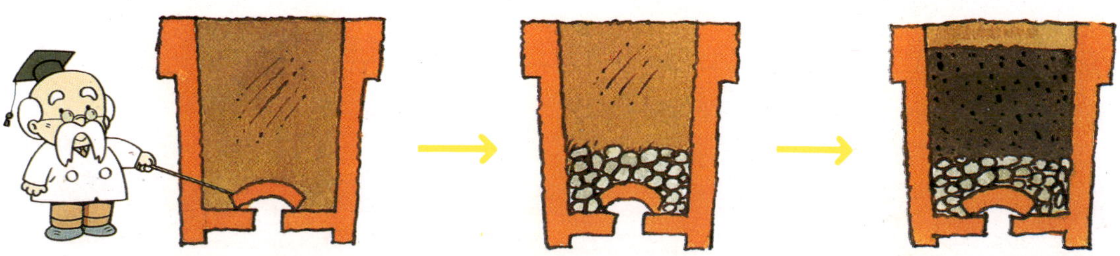

Qu'est-ce que c'est?

Une feuille de helwingia

Au printemps, une petite fleur verte éclôt au milieu de la feuille de cette plante étrange.

Les épines d'un concombre

Certains types de concombres ont des petites épines sur toute la surface de leur peau

Des fleurs de bananier

Toutes ces bananes sont nées d'une seule et même fleur.

Des graines d'érable

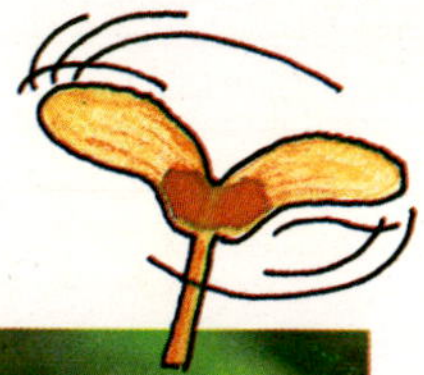

On peut les faire tourner dans l'air comme des pales d'hélicoptère.

Des fleurs de pin

Ces fleurs femelles sont de futures pommes de pin.

Des graines de lotus

Chaque sac contient environ 20 graines. De sorte qu'un seul lotus peut donner naissance à beaucoup d'autres.

• Pour les parents

Le fragon est un arbuste de montagne. Au printemps, de minuscules fleurs apparaissent au milieu de ses feuilles. Cette plante a des fleurs mâles et femelles; les graines se forment dans ces dernières. Les bananiers ont des fleurs femelles près de la tige, des fleurs mâles à son extrémité, et des fleurs bisexuées, ou androgynes, entre les deux. Les graines de lotus se forment toujours dans une capsule.

Et ça?

Une belle-de-jour (ou liseron)

Les tiges et les feuilles du liseron s'enroulent autour de tout.

Un manchon de paille

En hiver, les insectes qui courent sur l'arbre se réfugient dans cette chaude gaine de paille. Au printemps, on les tue en brûlant la paille.

Des cordes pour la neige

Au Japon, on attache ces cordes aux branches pour éviter qu'elles ne se cassent sous le poids de la neige.

• Pour les parents

Dans les pays froids, on voit souvent des manchons de paille ficelés autour des troncs, en hiver. Les insectes nuisibles pondent dans la paille; on retire et on brûle celle-ci au printemps, avant l'éclosion des œufs et l'apparition des larves. Parfois, des cordes retiennent les très longues branches des arbres pour éviter qu'elles ne se brisent sous le poids de la neige qui les recouvre.

L'album de ....

C'est moi qui l'ai fait!

À l'école maternelle et à l'école primaire, les enfants fabriquent toutes sortes de choses à base de plantes, de fleurs ou de feuilles mortes. Ces activités familiarisent l'enfant avec les formes et les propriétés des plantes qu'il peut toucher. Conservez les créations de votre enfant en les collant sur cette double page. Collez-y ses dessins, ses collages et autres compositions végétales.

Collez
un dessin ou une photo
ici

Impressions de fleurs

Pour imprimer avec des fleurs, choisis des pétales de différentes couleurs. Dispose-les sur une feuille de papier à dessin. Pose une autre feuille par-dessus et martèle avec un maillet.

Collez ici une création de votre enfant

Collages

Choisis des feuilles mortes de couleurs variées; colle-les sur une feuille de papier à dessin. Tu peux ensuite, si tu le veux, ajouter des yeux, des bras, des jambes, etc., pour créer des figures variées.

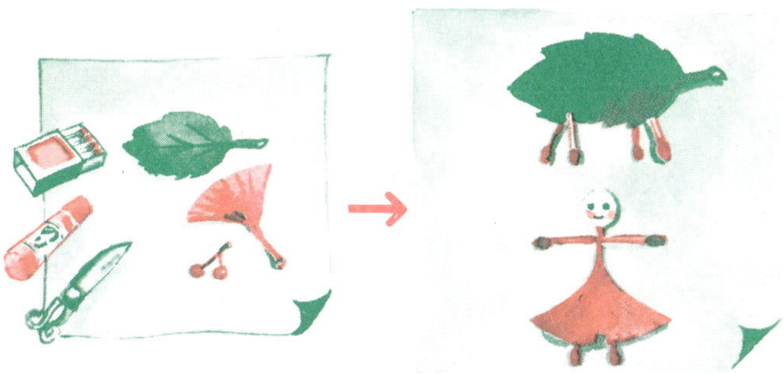

Collez ici une création de votre enfant

Ses questions à propos des plantes

Devinettes

Écoute ce que te disent ces plantes!
Et devine qui elles sont!

1. Mes fleurs sentent si bon que mes branches ont dû se couvrir d'épines pour les protéger contre les envieux!

2. Toute la journée, je suis le Soleil dans son déplacement dans le ciel.

3. Je grandis grâce à mes racines qui se plantent dans les troncs des autres. Au Nouvel An, on s'arrache mes boules!

4. Les bulbes dont je viens sont mis en terre en automne.

Tulipe

Tournesol

Séquoia bois rouge

Églantier

5. Mes épines sont en réalité des feuilles.
Elles m'aident à survivre dans le désert.

6. Dès qu'une mouche ou un autre insecte se pose
sur ma feuille, je l'emprisonne et le gobe.

7. Mon fruit délicieux était autrefois plein de graines!
Maintenant il n'en a plus. Pratique pour les gourmands!

8. Je suis l'arbre le plus haut du monde.

9. Tu crois que je n'ai pas de fleurs? Pourtant j'en ai!
Mais elles sont bien cachées... dans mon fruit!

Bananier

Cactus

Dionée

Figuier

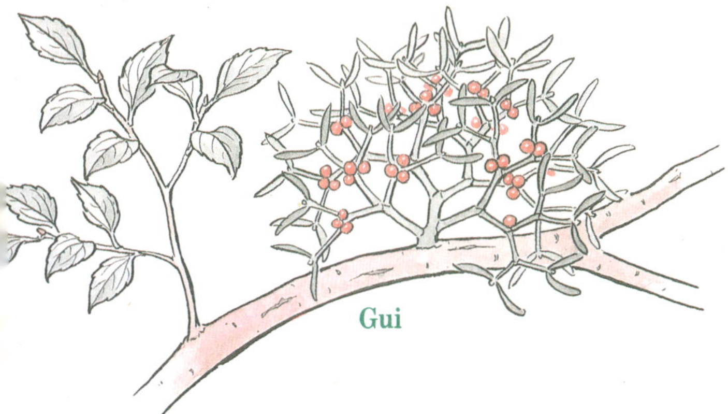

Gui

1. Églantier 2. Tournesol 3. Gui 4. Tulipe 5. Cactus
6. Dionée 7. Banane 8. Séquoia bois rouge 9. Figuier

Les enfants découvrent...

les fleurs et les arbres

ISBN: 2-7344-0489-3

Composé par DS TYPE S.A., Bruxelles, Belgique.
Imprimé par GEA, Milan, Italie.
Relié par GEP, Crémone, Italie.
Dépôt légal: août 1989.

COORDINATION DE L'ÉDITION:
International Editorial Services Inc.
Tokyo, Japon
C.E. Berry, Miki Ishii, Kim Bolitho,
Pauline Bush, Janette Bryden, Laurie Hanawa,
Ronald K. Jones

ÉDITION EUROPÉENNE:
Gillian Moore, Ed Skyner, Ilse Gray, Wendy Gibbons
Fabrication:
Maureen Kelly, Samantha Hill

Consultant:
Andrew Gutelle

ÉDITION FRANÇAISE:
Dominique Aubert, Catherine Cullaz
Composition:
John Booly, Paulette Poussin

Traduit de l'anglais par:
Dominique Lablanche

Titre original: *Flowers and Trees*

TIME
LIFE
JEUNESSE